Impressum
Verlag: BABADADA GmbH, Nedderfeld 112 , 22529 Hamburg
Geschäftsführer / Verlagsleitung: Harald Hof
Druck: Books on Demand GmbH, In de Tarpen 42, 22848 Norderstedt

Imprint
Publisher: BABADADA GmbH, Nedderfeld 112 , 22529 Hamburg, Germany
Managing Director / Publishing direction: Harald Hof
Print: Books on Demand GmbH, In de Tarpen 42, 22848 Norderstedt

學校

სკოლა

教室
საკლასო ოთახი
除
გაყოფა
186/2
黑板
დაფა
სკოლის ეზო
老師
მასწავლებელი
紙
ქაღალდი
書寫
წერა
筆
კალამი
辦公桌
მაგიდა
直尺
სახაზავი
書
წიგნი
學生
მოსწავლე

書包

ზურგჩანთა

鉛筆盒

პენალი

鉛筆

ფანქარი

削鉛筆機

ფანქრების სათლელი

橡皮擦

საშლელი

畫板

ნახატების ალბომი

圖畫
ნახატი

畫筆
ფუნჯი

顏料盒
საღებავის ყუთი

剪刀
მაკრატელი

膠水
წებო

練習冊
სავარჯიშო რვეული

家庭作業
საშინაო დავალება

數字
ნომერი

加
დამატება

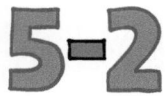

減
გამოკლება

乘
გამრავლება

計算
გამოთვლა

字母
წერილი

字母表
ანბანი

字
სიტყვა

課文

ტექსტი

讀

წაკითხვა

粉筆

ცარცი

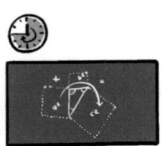

上課

გაკვეთილი

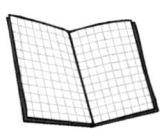

登記

რეგისტრაცია

考試

გამოცდა

證書

სერტიფიკატი

校服

სკოლის ფორმა

教育

განათლება

百科全書

ენციკლოპედია

大學

უნივერსიტეტი

顯微鏡

მიკროსკოპი

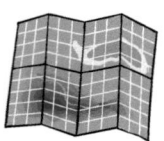

地圖

რუქა

廢紙簍

კალათა ნარჩენი ქაღალდებისათვის

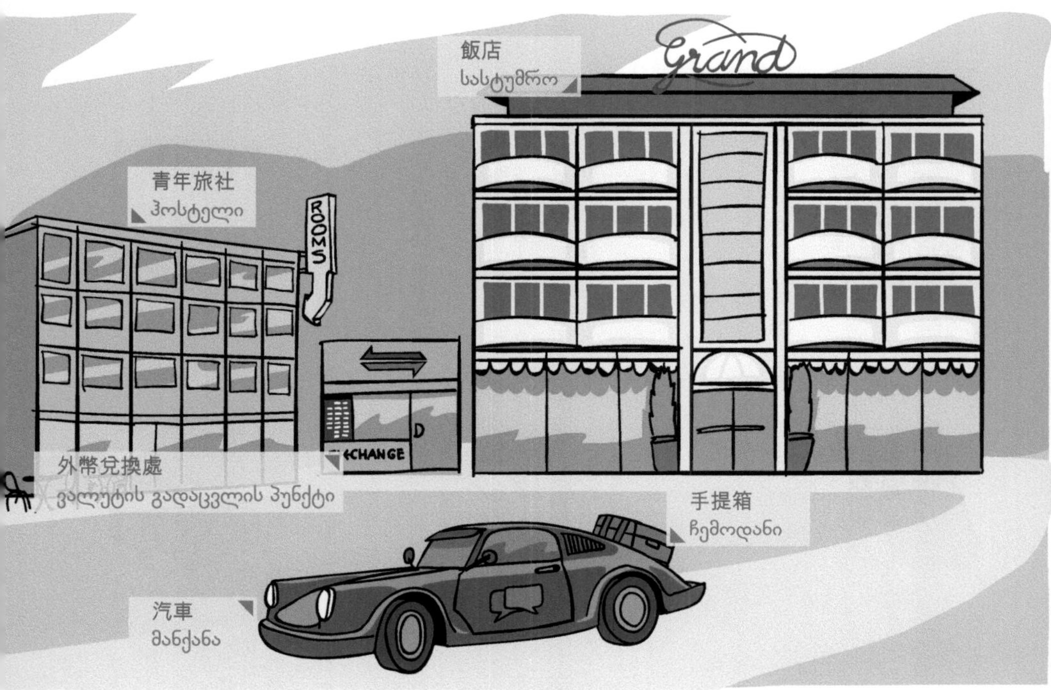

飯店
სასტუმრო
Grand
青年旅社
ჰოსტელი
ROOMS
EXCHANGE
外幣兌換處
ვალუტის გადაცვლის პუნქტი
手提箱
ჩემოდანი
汽車
მანქანა

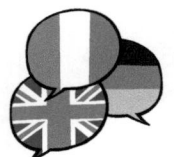

語言

ენა

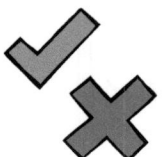

是/否

კი / არა

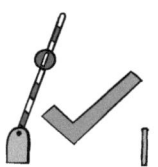

好的

კარგი

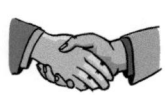

您好

გამარჯობა

翻譯人員

მთარგმნელი

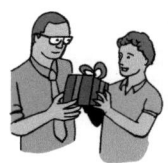

謝謝

გმადლობთ

……多少錢？

რა ღირს… ?

我不明白

ვერ გავიგე

問題

პრობლემა

晚上好！

აღამო მშვიდობისა!

早上好！

დილა მშვიდობისა!

晚安！

ღამე მშვიდობისა!

再見

ნახვამდის

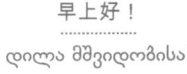

方向

მიმართულება

行李

ბარგი

包

ჩანთა

背包

ზურგჩანთა

客人

სტუმარი

房間

ოთახი

睡袋

საძილე ტომარა

帳篷

კარავი

旅行資訊

ტურისტული ინფორმაცია

海灘

სანაპირო

信用卡

საკრედიტო ბარათი

早餐

საუზმე

午餐

ლანჩი

晚餐

ვახშამი

票

ბილეთი

電梯

ლიფტი

郵票

საფოსტო მარკა

邊界

საზღვარი

海關

საბაჟო

大使館

საელჩო

簽證

ვიზა

護照

პასპორტი

交通運送
ტრანსპორტი

飛機
თვითმფრინავი
船
გემი
消防車
სახანძრო მანქანა
公車
ავტობუსი
卡車
სატვირთო მანქანა
汽艇
მოტორიზებული ნავი
腳踏車
ველოსიპედი
汽車
მანქანა

渡輪

ბორანი

小船

ნავი

機車

მოტოციკლი

警車

პოლიციის მანქანა

賽車

სარბოლო მანქანა

租車

დაქირავებული მანქანა

拼車

მანქანის ერთობლივი
მოხმარება

拖車

საბუქსირე მანქანა

垃圾車

ნაგვის მანქანა

馬達

ძრავა

汽油

საწვავი

加油站

ბენზინგასამართი სადგური

交通標識

საგზაო ნიშანი

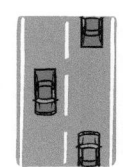

交通

მოძრაობა

交通堵塞

საცობი

停車場

მანქანის სადგომი

火車站

მატარებლის სადგური

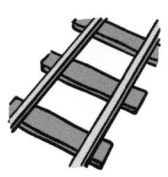

軌道

ლიანდაგები

火車

მატარებელი

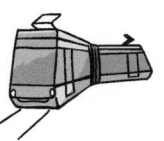

路面電車

ტრამვაი

客車廂

ვაგონი

直升機

ვერტმფრენი

機場

აეროპორტი

塔

კოშკი

乘客

მგზავრი

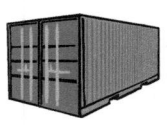

集裝箱

კონტეინერი

紙板箱

მუყაოს ყუთი

手推車

ურიკა

籃子

კალათა

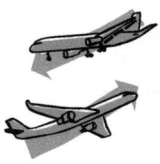

起飛/降落

აფრენა / დაშვება

城市
ქალაქი

村莊

სოფელი

市中心

ქალაქის ცენტრი

房子

სახლი

電影院
კინოთეატრი
CINEMA
廣告
რეკლამა
路燈
ქუჩის ლამპიონი
街道
ქუჩა
計程車
ტაქსი
小吃店
სავაჭრო ჯიხური
行人
ქვეითი
人行道
ტროტუარი
斑馬線
ქვეითების გადასასვლელი
垃圾箱
ნაგვის ურნა
十字路口
ჯვარედინი
紅綠燈
შუქნიშანი

小屋

ქოხი

公寓

ბინა

火車站

მატარებლის სადგური

市政廳

მუნიციპალიტეტი

博物館

მუზეუმი

學校

სკოლა

大學

უნივერსიტეტი

銀行

ბანკი

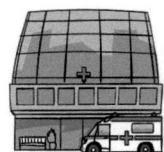

醫院

საავადმყოფო

飯店

სასტუმრო

藥房

აფთიაქი

辦公室

ოფისი

書店

წიგნების მაღაზია

商店

მაღაზია

花店

ფლორისტი

超市

სუპერმარკეტი

市場

ბაზარი

百貨商店

მაღაზიის განყოფილება

魚店

თევზის გამყიდველი

購物中心

სავაჭრო ცენტრი

海港

ნავსადგომი

公園

პარკი

長凳

გრძელი სკამი

橋

ხიდი

樓梯

კიბეები

捷運

მიწისქვეშა გადასასვლელი

隧道

გვირაბი

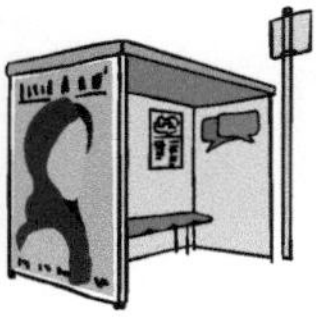

公車站

ავტობუსის გაჩერება

酒吧

ბარი

餐館

რესტორანი

郵筒

საფოსტო ყუთი

路標

ქუჩის ნიშანი

停車計時器

პარკინგის საზომი

動物園

ზოოპარკი

游泳池

საცურაო აუზი

清真寺

მეჩეთი

城市 - ქალაქი

農場
ფერმა

污染
გარემოს დაბინძურება

墓地
სასაფლაო

教堂
ეკლესია

操場
საბავშვო მოედანი

寺廟
ტაძარი

地形
ლანდშაფტი

樹葉
ფოთოლი

指示牌
გზის მანიშნებელი ნიშანი

路
გზა

草地
მდელო

石頭
ქვა

▶樹
ხე

▶徒步旅行者
მოგზაური

河
მდინარე

草
ბალახი

花
ყვავილი

峡谷

ხეობა

丘陵

გორაკი

湖

ტბა

森林

ტყე

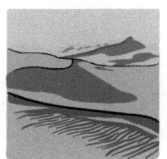

沙漠

უდაბნო

火山

ვულკანი

城堡

ციხე

彩虹

ცისარტყელა

蘑菇

სოკო

棕櫚樹

პალმა

蚊子

კოღო

蒼蠅

ბუზი

螞蟻

ჭიანჭველა

蜜蜂

ფუტკარი

蜘蛛

ობობა

甲蟲

ხოჭო

青蛙

ბაყაყი

松鼠

ციყვი

刺蝟

ზღარბი

野兔

კურდღელი

貓頭鷹

ბუ

鳥

ფრინველი

天鵝

გედი

野豬

ტახი

鹿

ირემი

麋鹿

ცხენ-ირემი

水壩

კაშხალი

風力發電機

ქარის ტურბინა

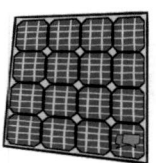

太陽能電池板

მზის ბატარეა

氣候

კლიმატი

服務生
მიმტანი

菜譜
მენიუ

椅子
სკამი

湯
სუპი

披薩餅
პიცა

桌布
მაგიდაზე გადასაფარებელი

餐具
დანა-ჩანგალი

前菜

საუზმე

主菜

მთავარი კერძი

甜點

დესერტი

飲料

დასალევი

食物

საჭმელი

瓶子

ბოთლი

速食

სწრაფი კვება

街邊小吃

ქუჩის საჭმელი

茶壺

ჩაიდანი

糖盒

საშაქრე

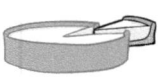

一份飯菜

პორცია

義式咖啡機

ესპრესოს მანქანა

高腳椅

მაღალი სკამი

帳單

ანგარიში

托盤

ლანგარი

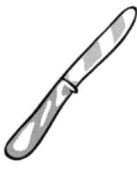

刀

დანა

餐叉

ჩანგალი

勺子

კოვზი

茶匙

ჩაის კოვზი

餐巾

ხელსახოცი

玻璃杯

ჭიქა

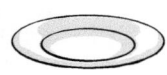

碟子

თეფში

湯盤

სუპის თეფში

碟子

ჩაის ლამბაქი

醬

საწებელი

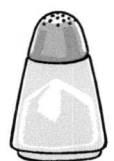

鹽瓶

სამარილე

胡椒研磨罐

წიწაკის საფქვავი

醋

ძმარი

食用油

ზეთი

調味料

სანელებლები

番茄醬

კეტჩუპი

芥末

მდოგვი

美乃滋

მაიონეზი

超市

სუპერმარკეტი

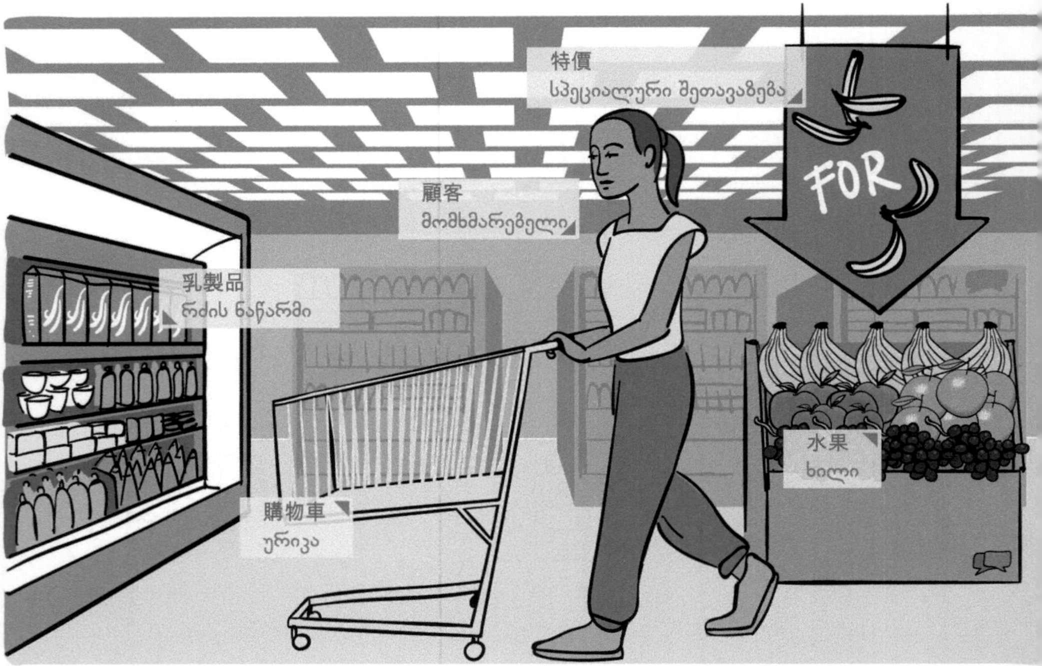

特價
სპეციალური შეთავაზება
FOR
顧客
მომხმარებელი
乳製品
რძის ნაწარმი
水果
ხილი
購物車
ურიკა

BUTCHERS

肉鋪

საყასბო

BAKERY

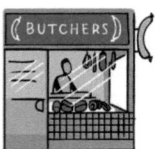

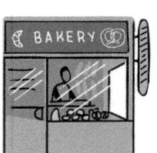

麵包店

საცხობი

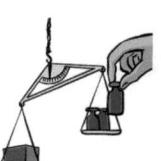

稱重

აწონვა

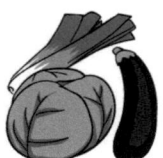

蔬菜

ბოსტნეული

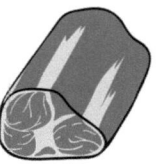

肉

ხორცი

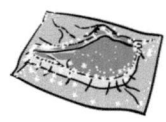

冷凍食品

გაყინული საკვები

冷盤
გრილი ხორცი

罐頭食品
კონსერვები

洗衣粉
სარეცხი ფხვნილი

甜食
ტკბილეული

日用品
საყოფაცხოვრებო
პროდუქტები

清潔用品
სარეცხი საშუალებები

銷售員
გამყიდველი

收銀機
სალარო

收銀員
მოლარე

購物清單
საყიდლების სია

開放時間
მუშაობის საათები

錢包
პორტმანი

信用卡
საკრედიტო ბარათი

袋子
ჩანთა

塑膠袋
პლასტიკური პარკი

飲料

დასალევი

水

წყალი

果汁

წვენი

牛奶

რძე

可樂

კოკა-კოლა

紅酒

ღვინო

啤酒

ლუდი

酒

ალკოჰოლი

可可

კაკაო

茶

ჩაი

咖啡

ყავა

義式濃縮咖啡

ესპრესო

卡布奇諾

კაპუჩინო

香蕉

ბანანი

蘋果

ვაშლი

柳丁

ფორთოხალი

西瓜

საზამთრო

檸檬

ლიმონი

胡蘿蔔

სტაფილო

大蒜

ნიორი

竹子

ბამბუკი

洋蔥

ხახვი

蘑菇

სოკო

堅果

კაკალი

麵條

ატრია

義大利麵

სპაგეტი

米飯

ბრინჯი

沙拉

სალათი

薯條

ჩიპსები

炸馬鈴薯

შემწვარი კარტოფილი

披薩餅

პიცა

漢堡

ჰამბურგერი

三明治

სენდვიჩი

炸豬排

კოტლეტი

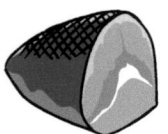

火腿

ლორი

義大利臘腸

სალიამი

香腸

ძეხვი

雞肉

წიწილა

烤肉

შემწვარი ხორცი

魚

თევზი

燕麥片

შვრიის ფაფა

木斯里

მუსლი

玉米片

სიმინდის ფანტელები

麵粉

ფქვილი

牛角麵包

კრუასანი

麵包捲

ბულკი

麵包

პური

吐司

ტოსტი

餅乾

ნამცხვრები

奶油

კარაქი

凝乳

ხაჭო

蛋糕

ტორტი

蛋

კვერცხი

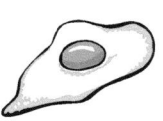

煎蛋

ერბო-კვერცხი

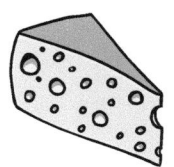

起司

ყველი

冰淇淋

ნაყინი

糖

შაქარი

蜂蜜

თაფლი

果醬

ჯემი

巧克力醬

შოკოლადის კრემი

咖哩

კარი

農場
ფერმა

სოფლის სახლი
糧倉
თავლა
稻草捆
ჩალის შეკვრა
田野
ყანა
馬
ცხენი
拖車
მისაბმელი
馬駒
კვიცი
拖拉機
ტრაქტორი
驢
ვირი
羊
ცხვარი
羔羊
ცხვარი

山羊

თხა

奶牛

ძროხა

小牛

ხბო

豬

ღორი

小豬

გოჭი

公牛

ხარი

鵝

ბატი

鴨

იხვი

小雞

წიწილა

母雞

ქათამი

公雞

მამალი

鼠

ვირთხა

貓

კატა

老鼠

თაგვი

牛

ხარი

狗

ძაღლი

狗屋

საძაღლე

花園澆水軟管

ბაღის შლანგი

澆水壺

საბაღე წურწურა

長柄大鐮刀

ცელი

犁

გუთანი

鐮刀

ნამგალი

鋤頭

თოხი

長柄草耙

პატივის სახვეტი ჩანგალი

斧頭

ცული

獨輪手推車

მაზიდი

飼料槽

გობი

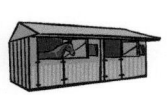

牛奶罐

რძის ბიდონი

麻布袋

ტომარა

柵欄

ღობე

馬廄

ბოსელი

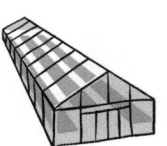

溫室

სათბური

土壤

ნიადაგი

種子

თესლი

肥料

სასუქი

聯合收割機

მოსავლის ამღები კომბაინი

收割

მოსავლის აღება

收割

მოსავალი

地瓜

იამი

小麥

ხორბალი

大豆

სოიო

土豆

კარტოფილი

玉米

სიმინდი

油菜籽

სარეველას თესლი

果樹

ხეხილი

樹薯

მანიოკი

穀物

მარცვლეული

房子
სახლი

ბუხარი
屋頂
სახურავი
落水管
წყალსადინარი მილი
窗戶
ფანჯარა
車庫
ავტოფარეხი
門鈴
კარის ზარი
門
კარი
垃圾桶
ნაგვის ყუთი
信箱
საფოსტო ყუთი
花園
ბაღი

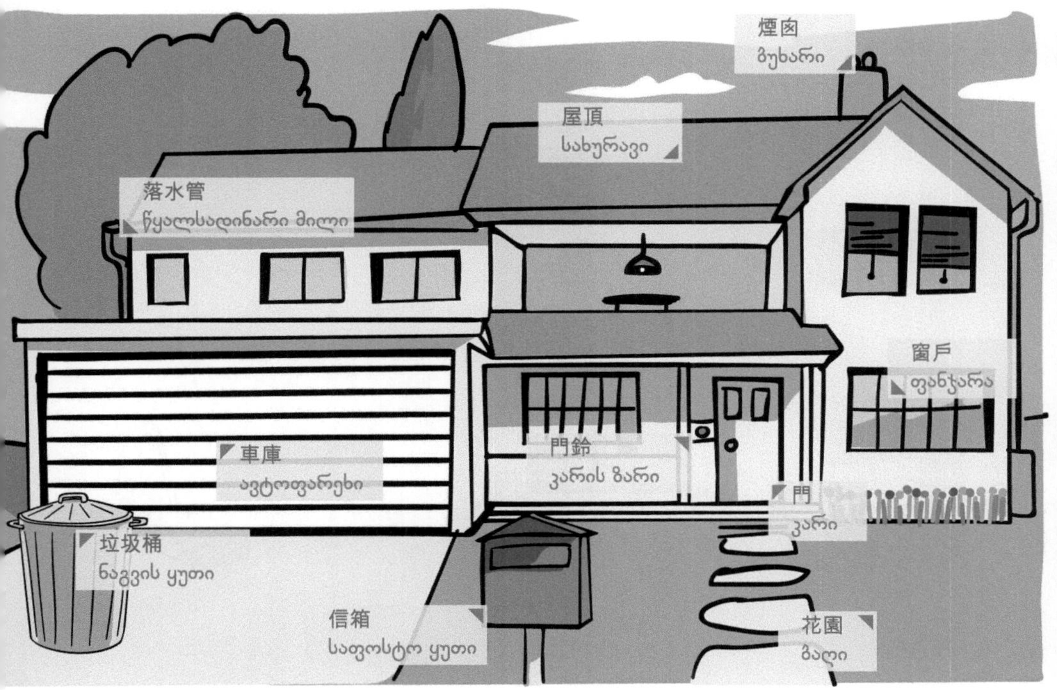

客廳

მისაღები ოთახი

浴室

აბაზანა

廚房

სამზარეულო

臥室

საძინებელი

兒童房

საბავშვო ოთახი

餐廳

სასადილო ოთახი

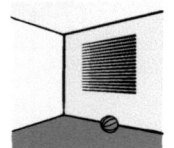

地板

სართული

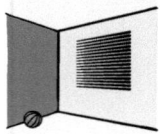

牆壁

კედელი

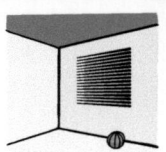

天花板

ჭერი

地窖

სარდაფი

三溫暖

საუნა

陽臺

აივანი

露臺

ტერასა

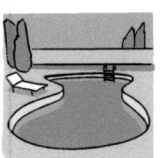

游泳池

აუზი

割草機

გაზონის საკრეჭი

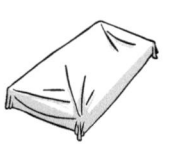

被單

საბნის კონვერტი

床罩

საწოლი

床

ლოგინი

掃帚

ცოცხი

水桶

სათლი

開關

გადამრთველი

客廳

მისაღები ოთახი

壁紙
შპალერი
相片
ნახატი
ნათურა
擱架
თარო
櫥櫃
კარადა
電視
ტელევიზორი
壁爐
ბუხარი
花
ყვავილი
墊子
ბალიში
沙發
დივანი
花瓶
ვაზა
遙控器
დისტანციური მართვა

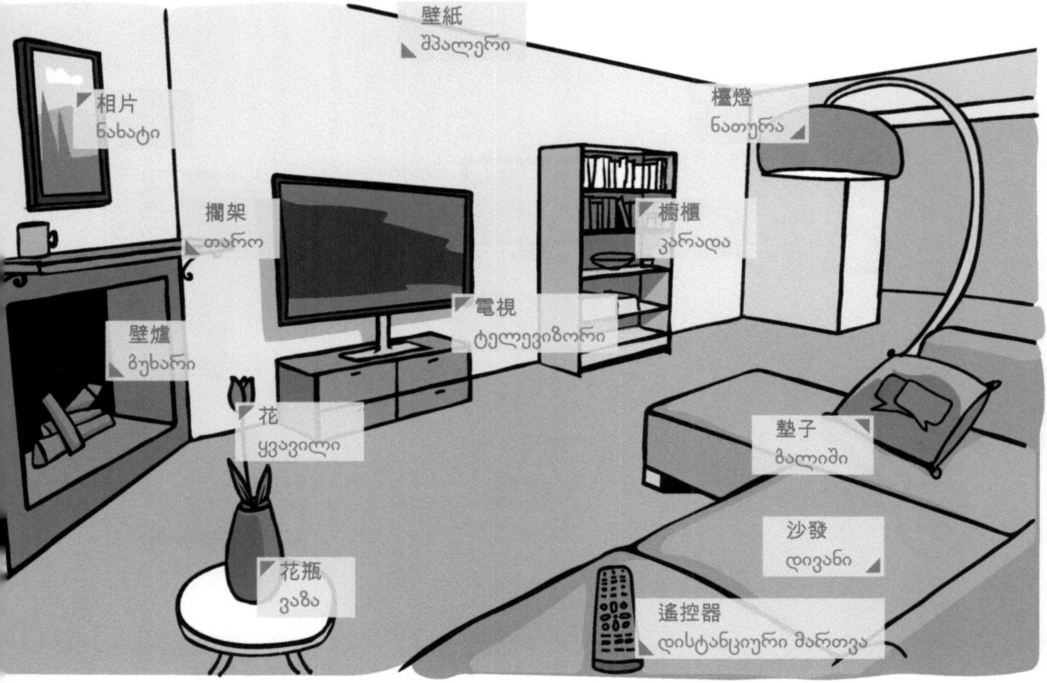

地毯

ხალიჩა

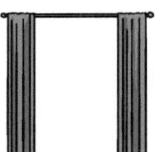

窗簾

ფარდა

餐桌

მაგიდა

椅子

სკამი

搖椅

სარწეველა სკამი

扶手椅

სავარძელი

書
წიგნი

毯子
საბანი

裝飾品
დეკორაცია

木柴
შეშა

電影
ფილმი

高傳真音響
hi-fi მოწყობილობები

鑰匙
გასაღები

報紙
გაზეთი

油畫
ფერწერა

海報
პლაკატი

收音機
რადიო

筆記本
ბლოკნოტი

吸塵器
მტვერსასრუტი

仙人掌
კაქტუსი

蠟燭
სანთელი

廚房
სამზარეულო

冰箱
მაცივარი
微波爐
მიკრო-ტალღური ღუმელი
廚房秤
სამზარეულოს სასწორი
烤麵包機
ტოსტერი
洗潔精
სარეცხი საშუალება
烤箱
ღუმელი
冰櫃
საყინულე
垃圾桶
ნაგვის ყუთი
洗碗機
ჭურჭლის სარეცხი მანქანა

炊具

გაზქურა

鍋

ქოთანი

鑄鐵鍋

თუჯის ქვაბი

炒鍋

ტაფა ამოზერილი ფსკერით

平底鍋

ტაფა

水壺

ჩაიდანი

廚房 - სამზარეულო 35

蒸鍋

ორთქლსახარში

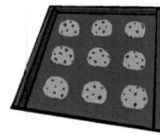

烤盤

საცხობი ლანგარი

陶瓷鍋

ჭურჭელი

馬克杯

კათხა

碗

თასი

筷子

ჩინური ჩხირები

長柄勺

ჩამჩა

鏟子

ფითხი

攪拌器

სათქვეფელა

濾網

საწური

篩子

საცერი

磨碎機

სახეხი

研缽

სანაყი

燒烤

გრილი

明火

კოცონი

菜板

დაფა

擀麵杖

საგორავი

開瓶器

ბურღი

罐子

ქილა

開罐器

ქილის გასახსნელი

隔熱手套

ქოთნის დამჭერი

水槽

ნიჟარა

刷子

ფუნჯი

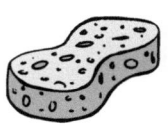

海綿

ღრუბელი

攪拌機

ბლენდერი

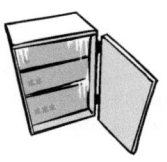

冷藏箱

საყინულე კამერა

奶瓶

საბავშვო ბოთლი

水龍頭

ონკანი

浴室
აბაზანა

供暖裝置
გათბობა
淋浴
შხაპი
毛巾
პირსახოცი
浴簾
საშხაპე ფარდა
ღრუბლიანი აბანო
浴缸
ვანა
玻璃杯
ჭიქა
洗衣機
სარეცხი მანქანა
水龍頭
ონკანი
瓷磚
ფილები
便壺
ღამის ქოთანი
水槽
ნიჟარა

廁所
ტუალეტი

蹲便器
იატაკის ტუალეტი

坐浴器
ბიდე

小便斗
კედლის პისუარი

廁紙
ტუალეტის ქაღალდი

馬桶刷
ტუალეტის ჯაგრისი

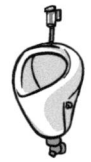

牙刷

კბილის ჯაგრისი

牙膏

კბილის პასტა

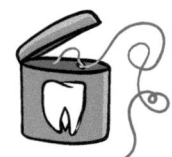

牙線

კბილის ძაფი

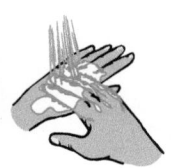

洗

რეცხვა

手持式蓮蓬頭

ხელის შხაპი

沖洗器

ინტიმური შხაპი

洗臉盆

ტაშტი

洗背刷

ზურგის სახეხი ფუნჯი

肥皂

საპონი

沐浴露

შხაპის გელი

洗髮乳

შამპუნი

法蘭絨

ნეჭა

排水

სანიაღვრე

乳霜

კრემი

除臭劑

დეოდორანტი

鏡子

სარკე

手鏡

ხელის სარკე

刮鬍刀

ბრიტვა

刮鬍泡沫

საპარსი ქაფი

鬚後水

საშუალება გაპარსვის შემდეგ

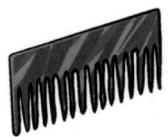

梳子

სავარცხელი

刷子

ჯაგრისი

吹風機

თმის საშრობი

噴髮定型劑

თმის ლაქი

化妝品

კოსმეტიკა

唇膏

ტუჩების პომადა

指甲油

ფრჩხილის ლაქი

化妝棉

ბამბა

指甲剪

ფრჩხილის მაკრატელი

香水

სუნამო

洗漱包

კოსმეტიკის ჩანთა

凳子

ტაბურეტი

計重秤

სასწორი

浴袍

სააბაზანო ხალათი

橡膠手套

რეზინის ხელთათმანები

衛生棉條

ტამპონი

衛生棉

სანიტარული პირსახოცი

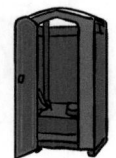

化學廁所

ბიო-ტუალეტი

兒童房

საბავშვო ოთახი

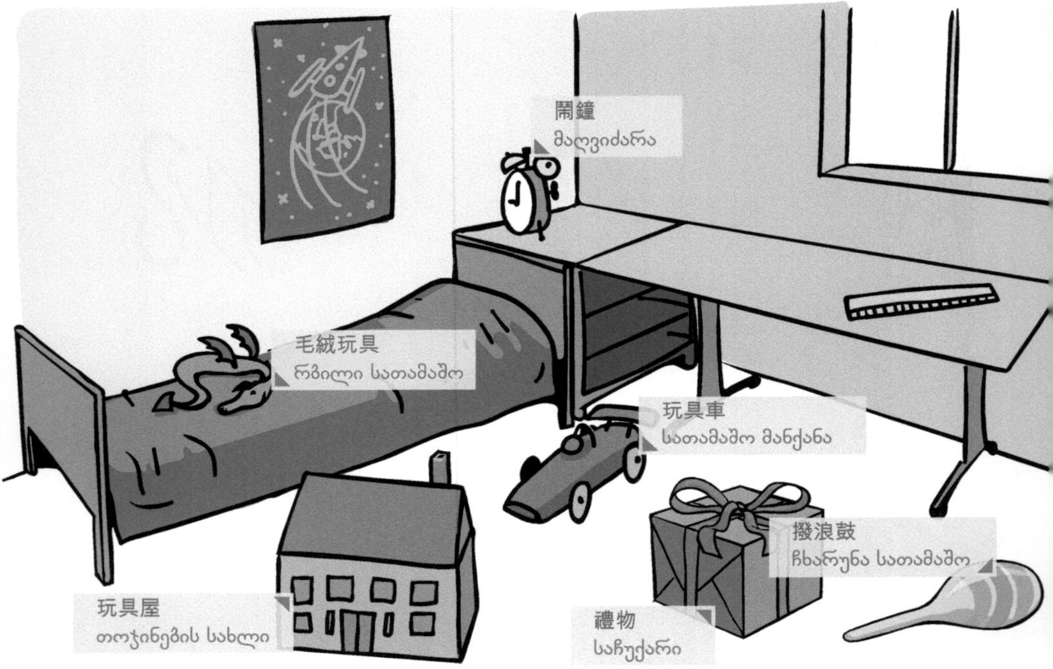

鬧鐘
მაღვიძარა
毛絨玩具
რბილი სათამაშო
玩具車
სათამაშო მანქანა
撥浪鼓
ჩხარუნა სათამაშო
玩具屋
თოჯინების სახლი
禮物
საჩუქარი

氣球

ბუშტი

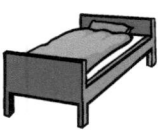

床

ლოგინი

嬰兒車

საბავშვო ეტლი

撲克牌

კარტის თამაში

拼圖

პაზლი

漫畫

კომიკსი

樂高積木

ლეგოს აგურები

積木玩具

ასაშენებელი კუბიკები

公仔

სათამაშო ფიგურა

嬰兒服

საცოცავი

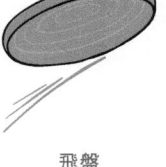

飛盤

ფრისბი

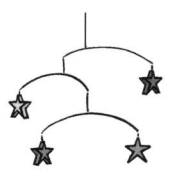

床鈴玩具

მობილე

棋盤遊戲

სამაგიდო თამაში

骰子

კამათელი

火車模型

რკინიგზის მოდელი

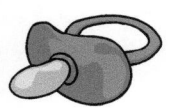

安撫奶嘴

საწოვარა

派對

წვეულება

繪本

წიგნი ნახატებით

球

ბურთი

洋娃娃

თოჯინა

玩

თამაში

沙坑

საქვიშარი

鞦韆

საქანელა

玩具

სათამაშოები

電玩遊戲

ვიდეო თამაშის კონსოლი

三輪車

სამთვლიანი ველოსიპედი

泰迪熊

დათუნია

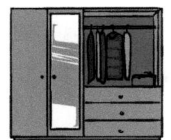

衣櫃

გარდერობი

衣服

ტანსაცმელი

襪子

წინდები

長襪

ჩულქები

緊身褲

კოლგოტები

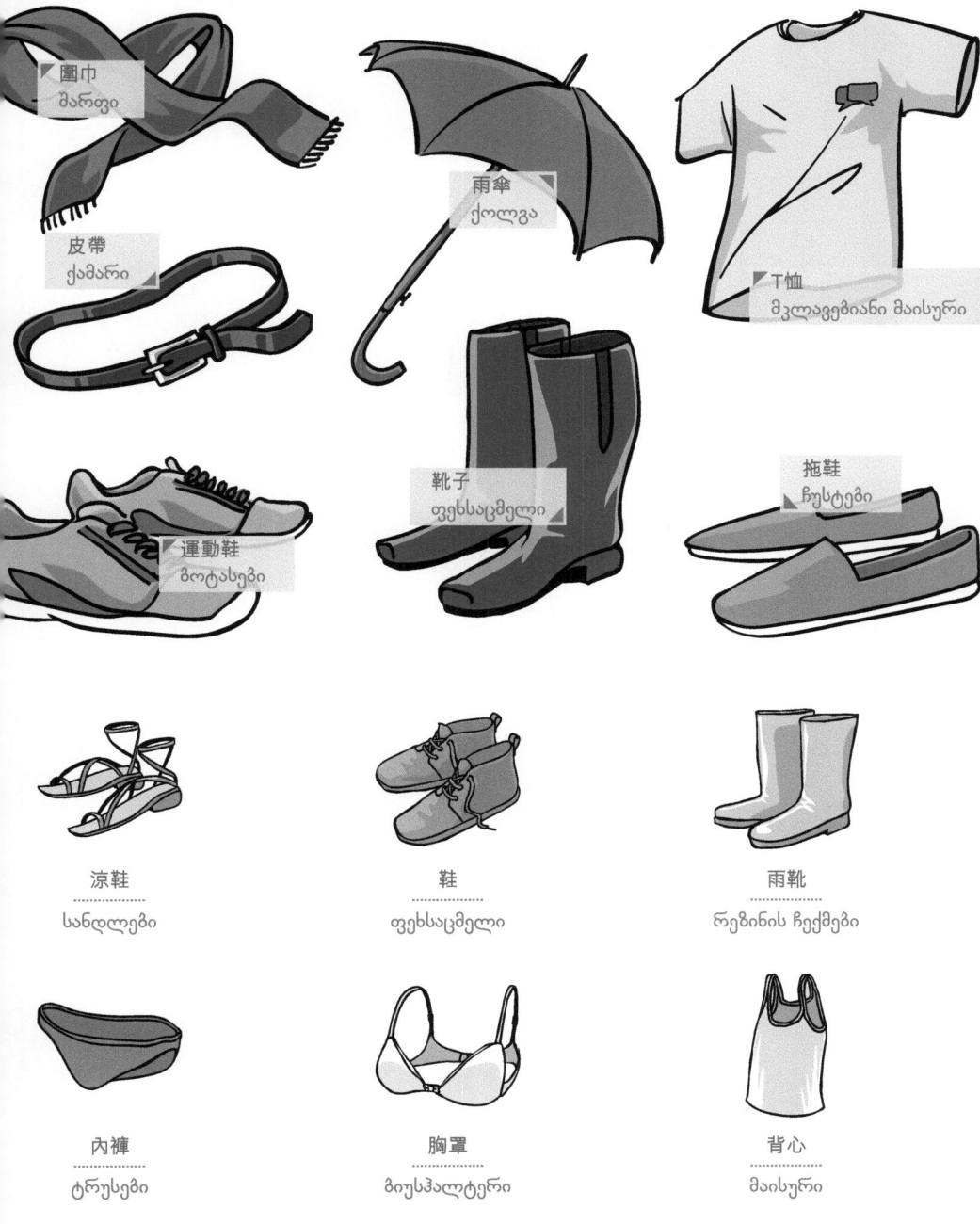

圍巾
მარფი

雨傘
ქოლგა

T恤
მულავემიანი მაისური

皮帶
ქამარი

運動鞋
ბოტასები

靴子
ფეხსაცმელი

拖鞋
ჩუსტები

涼鞋
სანდლები

鞋
ფეხსაცმელი

雨靴
რეზინის ჩექმები

內褲
ტრუსები

胸罩
ბიუსჰალტერი

背心
მაისური

衣服 - ტანსაცმელი

身體

სხეული

褲子

შარვალი

牛仔褲

ჯინსი

短裙

ქვედაკაბა

女式襯衫

ბლუზი

襯衫

პერანგი

套頭衫

სვიტრი

連帽上衣

კაპიუშონიანი ჟაკეტი

西裝夾克

სპორტული ქურთუკი

夾克

ჟაკეტი

外套

პალტო

雨衣

საწვიმარი

套裝

კოსტუმი

連衣裙

კაბა

婚紗

საქორწილო კაბა

西裝

კაცის კოსტიუმი

睡袍

ღამის პერანგი

睡衣

პიჟამოები

莎麗

სარი

頭巾

თავშალი

包頭巾

ტურბანი

波卡

ჩადრი

卡夫坦

ხიფთანი

(阿拉伯式)長袍

აბაია

泳衣

საცურაო კოსტუმი

男式泳褲

ჩემოდნები

短褲

შორტები

運動服

სპორტული კოსტიუმი

圍裙

წინსაფარი

手套

ხელთათმანები

鈕扣

ღილი

眼鏡

სათვალეები

手鏈

სამაჯური

項鍊

ყელსაბამი

戒指

ბეჭედი

耳環

საყურე

便帽

კეპი

衣架

საკიდი

帽子

ქუდი

領帶

ჰალსტუხი

拉鍊

ელვა-შესაკრავის შეკვრა

安全帽

ჩაფხუტი

背帶

აჭიმი

校服

სკოლის ფორმა

制服

ფორმა

衣服 - ტანსაცმელი

圍兜

ბავშვის წინსაფარი

安撫奶嘴

საწოვარა

尿布

პამპერსი

辦公室

ოფისი

伺服器
სერვერი
檔案櫃
საკანცელარიო კარადა
紙
ქაღალდი
印表機
პრინტერი
螢幕
მონიტორი
滑鼠
თაგვი
მაგიდა
資料夾
საქაღალდე
鍵盤
კლავიატურა
簍
ათა ნარჩენი ქაღალდებისათვის
椅子
სკამი
電腦
კომპიუტერი

咖啡杯

ყავის ფინჯანი

計算機

კალკულატორი

網際網路

ინტერნეტი

筆記型電腦

ლეპტოპი

信件

წერილი

簡訊

მესიჯი

行動電話

მობილური ტელეფონი

網路

ქსელი

影印機

სკანერი

軟體

პროგრამული
უზრუნველყოფა

電話

ტელეფონი

插座

როზეტი

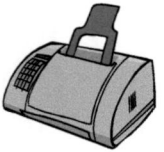

傳真機

ფაქსის მანქანა

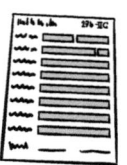

表格

ფორმულარი

檔案

დოკუმენტი

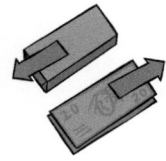

買

ყიდვა

付錢

გადახდა

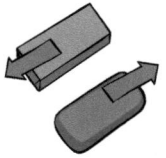

交易

ვაჭრობა

現金

ფული

USD

美元

დოლარი

EUR

歐元

ევრო

JPY

日元

იენი

RUB

盧布

რუბლი

CHF

瑞士法郎

შვეიცარული ფრანკი

CNY

人民幣

ჟენმინბი იუანი

INR

盧比

რუპი

ATM

提款處

ბანკომატი

外幣兌換處

ვალუტის გადაცვლის
პუნქტი

金

ოქრო

銀

ვერცხლი

石油

ნავთობი

能源

ენერგია

價格

ფასი

合約

ხელშეკრულება

稅金

გადასახადი

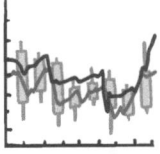

股票

აქცია

工作

მუშაობა

職員

თანამშრომელი

老闆

დამსაქმებელი

工廠

ქარხანა

商店

მაღაზია

警官
პოლიციის ოფიცერ
消防員
მეხანძრე
廚師
მზარეული
醫師
ექიმი
飛行員
მფრინავი

園丁
მებაღე

木匠
დურგალი

裁縫
თეთრეულის მკერავი ქალბატონი

法官
მოსამართლე

化學家
ქიმიკოსი

演員
მსახიობი

公車司機

ავტობუსის მძღოლი

計程車司機

ტაქსის მძღოლი

漁夫

მეთევზე

清洗女工

დამლაგებელი ქალბატონი

屋頂工

სახურავის ოსტატი

服務生

მიმტანი

獵人

მონადირე

畫家

ფერმწერი

麵包師

მცხობელი

電工

ელექტრიკოსი

建築工人

მშენებელი

工程師

ინჟინერი

屠夫

ყასაბი

水管工

სანტექნიკოსი

郵差

ფოსტალიონი

職業 - პროფესიები

士兵

ჯარისკაცი

建築師

არქიტექტორი

收銀員

მოლარე

花農

ფლორისტი

理髮師

პარიკმახერი

售票員

კონდუქტორი

機械技師

მექანიკოსი

船長

კაპიტანი

牙醫

სტომატოლოგი

科學家

მეცნიერი

拉比

რაბინი

伊瑪目

იმამი

和尚

ბერი

牧師

სასულიერო პირი

工具

იარაღები

鐵錘
ჩაქუჩი
鉗子
ბრტყელტუჩა
螺絲起子
სახრახნისი
手電筒
ჯიბის სანათი
扳手
ქანჩის გასაღები

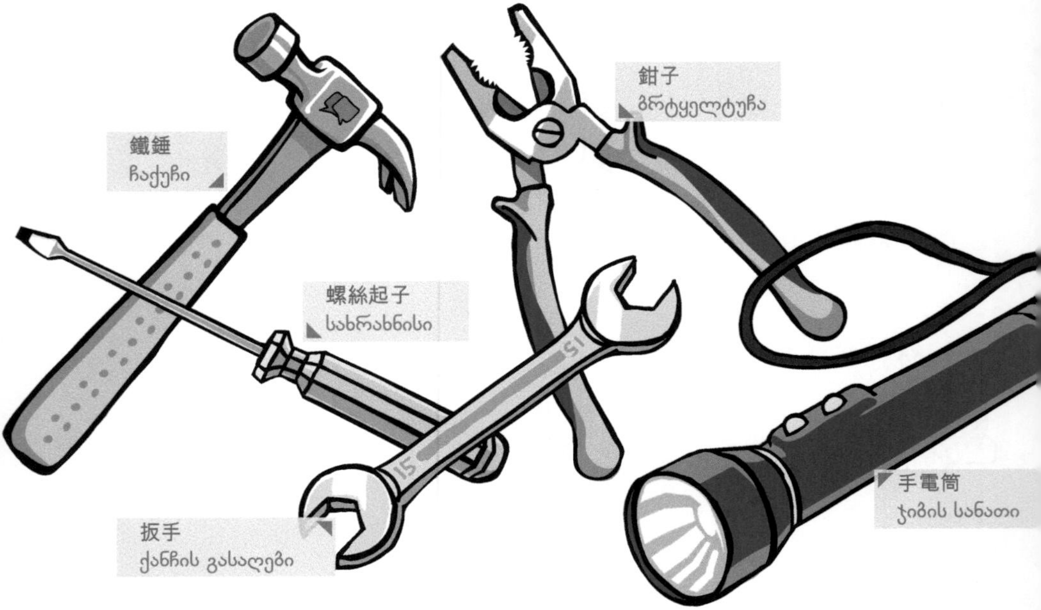

挖掘機

ექსკავატორი

工具箱

იარაღების ყუთი

梯子

კიბე

鋸子

ხერხი

釘子

ლურსმები

鑽機

საბურღი

修
შეკეთება

鏟子
ნიჩაბი

糟糕！
ანდაზა!

畚箕
აქანდაზი

油漆桶
საღებავის ქოთანი

螺絲
ხრახნები

樂器
მუსიკალური ინსტრუმენტები

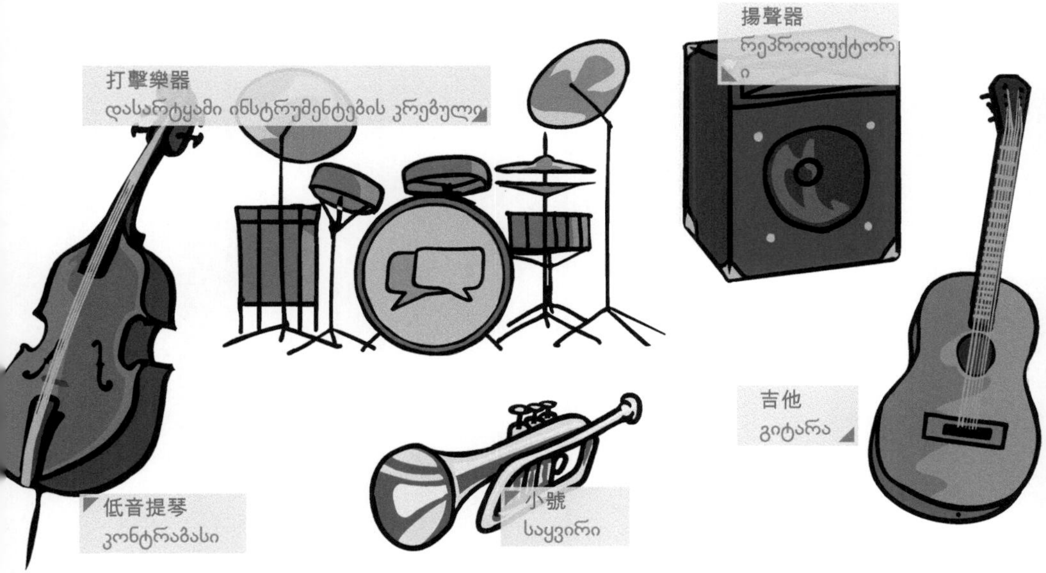

揚聲器
რეპროდუქტორი

打擊樂器
დასარტყამი ინსტრუმენტების კრებული

低音提琴
კონტრაბასი

小號
საყვირი

吉他
გიტარა

鋼琴

ფორტეპიანო

小提琴

ვიოლინო

貝斯

ბასი

定音鼓

ტიმპანონი

鼓

დასარტყამები

電子琴

კლავიშები

薩克斯風

საქსოფონი

長笛

ფლეიტა

麥克風

მიკროფონი

老虎
ვეფხვი

籠子
გალია

斑馬
ზებრა

動物飼料
ცხოველთა საკვები

入口
შესასვლელი

熊貓
პანდა

動物

ცხოველები

大象

სპილო

袋鼠

კენგურუ

犀牛

მარტორქა

大猩猩

გორილა

熊

დათვი

駱駝

აქლემი

鴕鳥

სირაქლემა

獅子

ლომი

猴子

მაიმუნი

紅鶴

ფლამინგო

鸚鵡

თუთიყუში

北極熊

პოლარული დათვი

企鵝

პინგვინი

鯊魚

ზვიგენი

孔雀

ფარშევანგი

蛇

გველი

鱷魚

ნიანგი

動物園管理員

ზოოპარკის მთვლოზელი

海豹

სელაპი

美洲豹

იაგუარი

矮種馬

პონი

豹

ლეოპარდი

河馬

ბეჰემოტი

長頸鹿

ჟირაფი

老鷹

არწივი

野豬

ტახი

魚

თევზი

龜

კუ

海象

მორჟი

狐狸

მელა

羚羊

გაზელი

體育
სპორტი

橄欖球
ამერიკული ფეხბურთი
騎腳踏車
ველოსპორტი
網球
ჩოგბურთი
籃球
კალათბურთი
游泳
ცურვა
拳擊
კრივი
冰球
ყინულის ჰოკეი

美式足球
ფეხბურთი

羽毛球
ბადმინტონი

田徑
მძლეოსნობა

手球
ხელბურთი

滑雪
სათხილამურო სპორტი

馬球
წყლის პოლო

62 體育 - სპორტი

笑
დაცინვა
跳
გადახტომა
擁抱
ჩახუტება
走路
სეირნობა
唱
სიმღერა
做夢
ოცნებობა
祈禱
ლოცვა
親吻
კოცნა

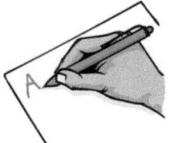

書寫
წერა

畫
დახატვა

展示
ჩვენება

推
დაჭერა

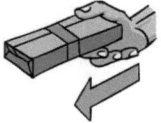

給
მიცემა

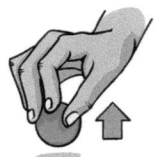

拿
აღება

有
ქონა

做
კეთება

當
ყოფნა

站
დგომა

跑
გარბენა

拉
მოქაჩვა

丟
გადაყრა

摔倒
დაცემა

躺
ტყუილის თქმა

等待
მოცდენა

攜帶
ტარება

坐
ჯდომა

穿衣
ჩაცმა

睡覺
ძილი

醒來
გაღვიძება

活動 - მოქმედებები

看

დათვალიერება

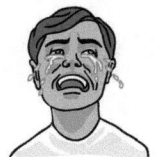

哭

ტირილი

擊

გაუთოება

梳頭

დავარცხნა

交談

ლაპარაკი

明白

გაგება

問

შეკითხვა

聽

მოსმენა

喝

დალევა

吃

ჭამა

清理

დალაგება

愛

ყვარება

做飯

კერძების მზადება

開車

სვლა

飛

ფრენა

航行

აფრის ქვეშ სიარული

計算

გამოთვლა

讀

წაკითხვა

學習

შესწავლა

工作

მუშაობა

結婚

ქორწინება

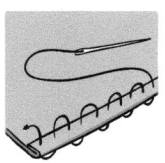

縫

კერვა

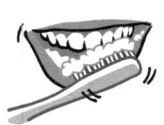

刷牙

კბილების ხეხვა

殺

მოკვლა

抽菸

მოწევა

寄

გაგზავნა

祖母
ბებია
祖父
ბაბუა
父親
მამა
母親
დედა
嬰兒
ბავშვი
女兒
ქალიშვილი
兒子
ვაჟიშვილი

客人

სტუმარი

阿姨

დეიდა

叔叔

ბიძა

兄弟

ძმა

姐妹

და

身體

სხეული

前額
შუბლი
眼睛
თვალი
臉
სახე
下巴
ნიკაპი
乳房
მკერდი
手指
თითი
手
ხელი
手臂
მკლავი
肩膀
მხარი
腿
ფეხი

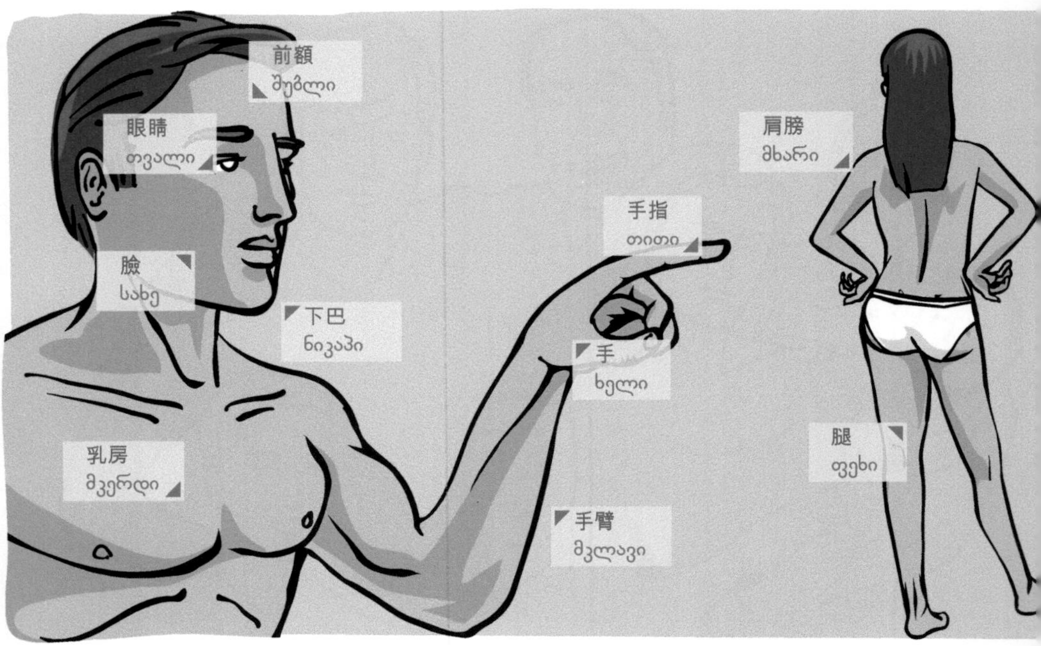

嬰兒

ბავშვი

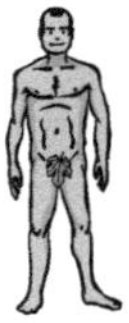

男人

კაცი

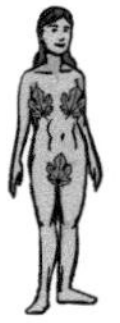

女人

ქალი

女孩

გოგო

男孩

ბიჭი

頭

თავი

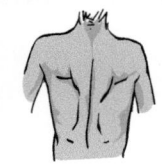

背部

ზურგი

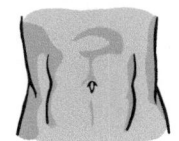

肚子

მუცელი

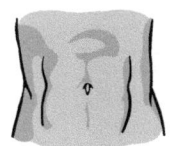

肚臍

ჭიპი

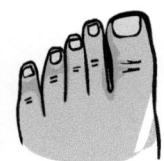

腳趾

ფეხის თითი

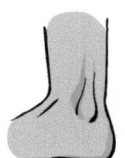

腳後跟

ქუსლი

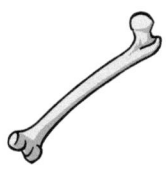

骨頭

ძვალი

臀部

ბარძაყი

膝蓋

მუხლი

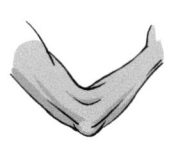

手肘

იდაყვი

鼻子

ცხვირი

屁股

დუნდულა

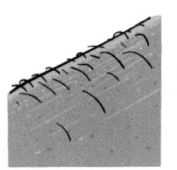

皮膚

კანი

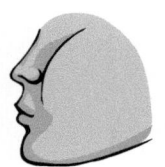

臉頰

ლოყა

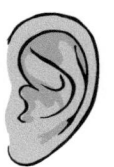

耳朵

ყური

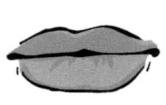

嘴唇

ტუჩი

嘴

პირი

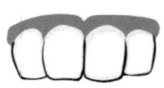

牙齒

კბილი

舌頭

ენა

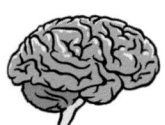

腦

ტვინი

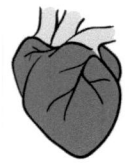

心臟

გული

肌肉

კუნთი

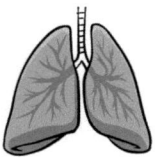

肺

ფილტვი

肝臟

ღვიძლი

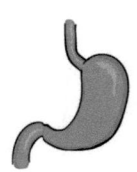

胃

კუჭი

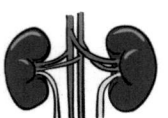

腎臟

თირკმელები

性交

სექსი

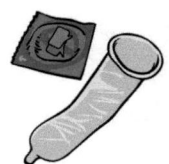

保險套

პრეზერვატივი

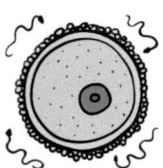

卵子

კვერცხუჯრედი

精子

სპერმა

懷孕

ორსულობა

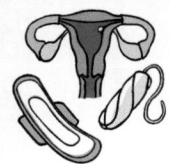

月事

მენსტრუაცია

陰道

საშო

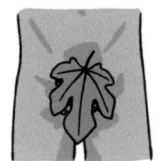

陰莖

პენისი

眉毛

წარბი

頭髮

თმა

脖子

კისერი

醫院

საავადმყოფო

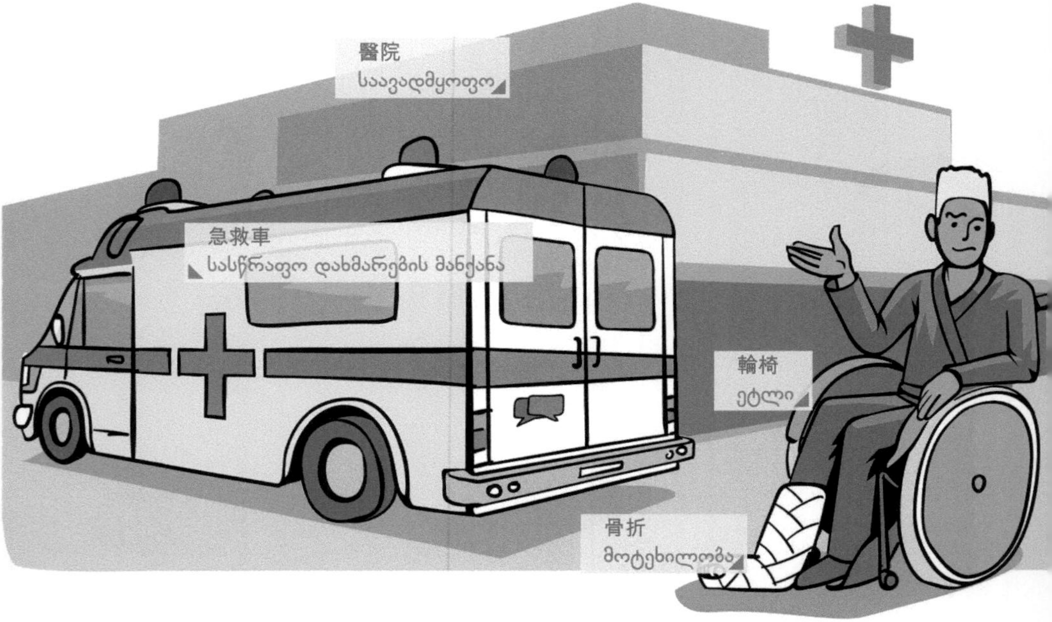

醫院
საავადმყოფო
急救車
სასწრაფო დახმარების მანქანა
輪椅
ეტლი
骨折
მოტეხილობა

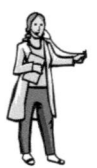

醫師

ექიმი

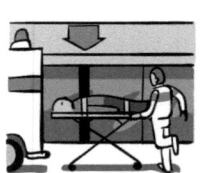

急診室

პირველი დახმარების ოთახი

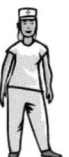

護理師

მედდა

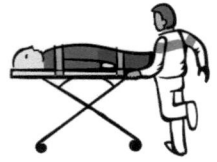

緊急情形

გადაუდებელი შემთხვევა

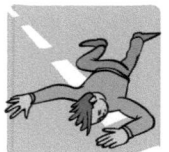

昏迷

უგონოდ მყოფი

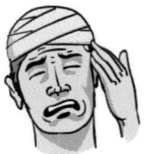

痛

ტკივილი

受傷

დაზიანება

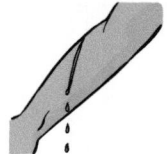

出血

სისხლდენა

心臟病發作

გულის შეტევა

中風

ინსულტი

過敏

ალერგია

咳嗽

ხველა

發燒

ცხელება

流感

გრიპი

腹瀉

დიარეა

頭痛

თავის ტკივილი

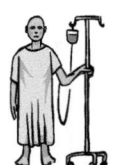

癌症

კიბო

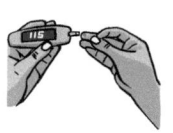

糖尿病

დიაბეტი

外科醫師

ქირურგი

手術刀

სკალპელი

手術

ოპერაცია

電腦斷層掃描
კტ

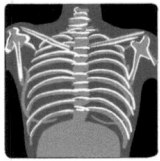

X光
რენტგენი

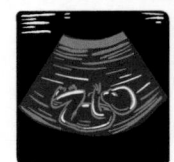

超音波
ულტრაბგერა

口罩
ნიღაბი

疾病
დაავადება

候診室
მოსაცდელი ოთახი

拐杖
ყავარჯენი

石膏
თაბაშირი

繃帶
ბინტი

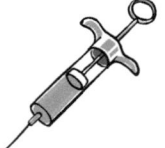

注射
ინექცია

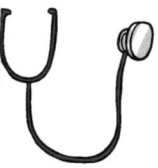

聽診器
სტეტოსკოპი

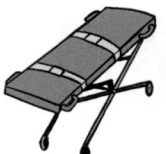

擔架
საკაცე

體溫計
თერმომეტრი

出生
დაბადება

超重
ჭარბი წონა

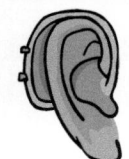

助聽器

სმენის აპარატი

消毒液

სადეზინფექციო საშუალება

感染

ინფექცია

病毒

ვირუსი

愛滋病

აივ / შიდსი

藥物

წამალი

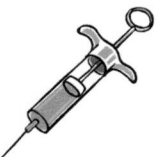

接種疫苗

ვაქცინაცია

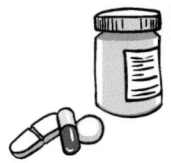

藥片

ტაბლეტები

藥丸

აბი

急救電話

დაუდებელი გამოძახება

血壓計

წნევის საზომი აპარატი

生病/健康

ავადმყოფი / ჯანმრთელი

緊急情形

გადაუდებელი შემთხვევა

救命！

დამეხმარეთ!

警報

განგაში

突擊

თავდასხმა

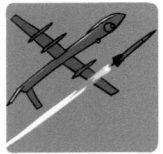

攻擊

შეტევა

危險

საფრთხე

緊急出口

სათადარიგო გასასვლელი

失火了！

ხანძარი!

滅火器

ცეცხლსაქრობი

意外

უბედური შემთხვევა

急救箱

პირველადი დახმარების აფთიაქი

呼救訊號

SOS

員警

პოლიცია

დედამიწა

歐洲

ევროპა

北美洲

ჩრდილოეთ ამერიკა

南美洲

სამხრეთ ამერიკა

非洲

აფრიკა

亞洲

აზია

澳洲

ავსტრალია

大西洋

ატლანტიკა

太平洋

წყნარი ოკეანე

印度洋

ინდოეთის ოკეანე

南冰洋

ანტარქტიკის ოკეანე

北冰洋

ჩრდილოეთის ყინულოვანი ოკეანე

北極

ჩრდილოეთ პოლუსი

南極

სამხრეთ პოლუსი

南極洲

ანტარქტიდა

地球

დედამიწა

陸地

ხმელეთი

海

ზღვა

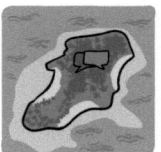

島

კუნძული

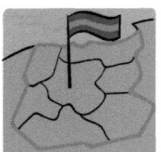

國家

ერი

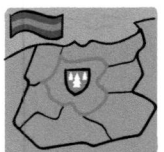

州

სახელმწიფო

鐘錶
საათი

錶盤

ციფერბლატი

時針

საათების ისარი

分針

წუთების ისარი

秒針

წამების ისარი

現在幾點？

რომელი საათია?

天

დღე

時間

დრო

現在

ახლა

電子錶

ციფრული საათი

分

წუთი

時

საათი

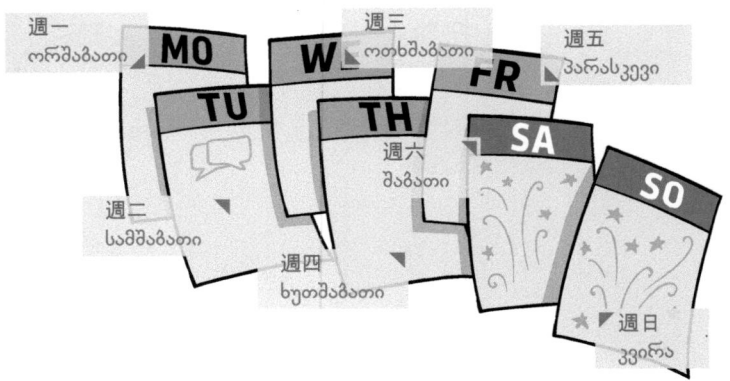

週

კვირა

ორშაბათი
週二
სამშაბათი
週三
ოთხშაბათი
週四
ხუთშაბათი
週五
პარასკევი
週六
შაბათი
週日

昨天

გუშინ

今天

დღეს

明天

ხვალ

早晨

დილა

中午

შუადღე

晚上

საღამო

工作日

სამუშაო დღეები

週末

შაბათი-კვირა

雨
წვიმა
彩虹
ცისარტყელა
風
ქარი
雪
თოვლი
春
გაზაფხული
秋
შემოდგომა
夏
ზაფხული
冬
ზამთარი

天氣預告

ამინდის პროგნოზი

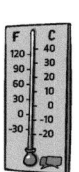

溫度計

თერმომეტრი

陽光

მზის სხივი

雲

ღრუბელი

霧

ნისლი

潮濕

ტენიანობა

閃電

ელვა

打雷

ქუხილი

風暴

შტორმი

冰雹

სეტყვა

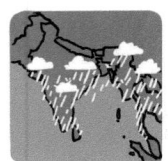

季風

მუსონი

洪水

წყალდიდობა

冰

ყინული

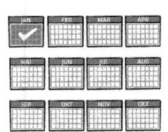

一月

იანვარი

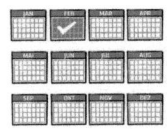

二月

თებერვალი

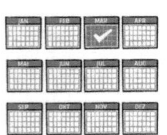

三月

მარტი

四月

აპრილი

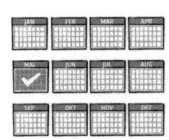

五月

მაისი

六月

ივნისი

七月

ივლისი

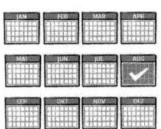

八月

აგვისტო

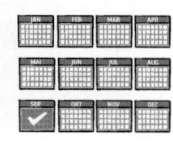

九月

სექტემბერი

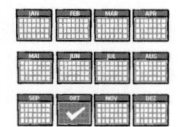

十月

ოქტომბერი

十一月

ნოემბერი

十二月

დეკემბერი

形狀
ფორმები

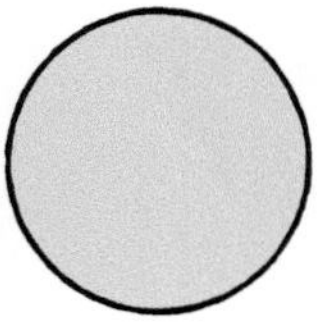

圓形

წრე

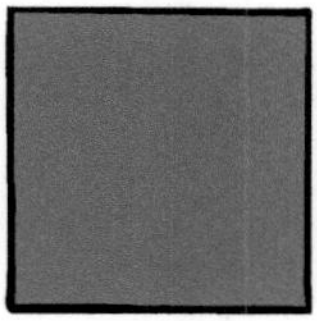

正方形

კვადრატი

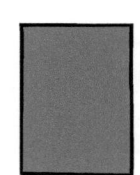

長方形

მართკუთხედი

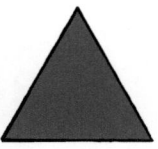

三角形

სამკუთხედი

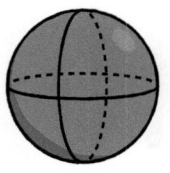

球體

სფერო

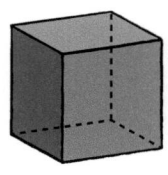

立方體

კუბი

顏色

ფერები

白

თეთრი

黃

ყვითელი

橙

ნარინჯისფერი

粉

ვარდისფერი

紅

წითელი

紫

იისფერი

藍

ცისფერი

綠

მწვანე

棕

ყავისფერი

灰

ნაცრისფერი

黑

შავი

很多/少許

ბევრი / ცოტა

生氣/平靜

გაბრაზებული / მშვიდი

美/醜

ლამაზი / მახინჯი

首/尾

დასაწყისი / დასასრული

大/小

დიდი / პატარა

明/暗

ნათელი / მუქი

兄弟/姐妹

ძმა / და

乾淨/骯髒

სუფთა / ჭუჭყიანი

完整/缺失

სრული / არასრული

白天/晚上

დღე / ღამე

死/生

მკვდარი / ცოცხალი

寬/窄

განიერი / ვიწრო

可食用/非食用

საჭმელად ვარგისი /
საჭმელად უვარგისი

邪惡/善良

ბოროტი / კეთილი

興奮/無聊

შთამბეჭდავი / მოსაწყენი

胖/瘦

სქელი / თხელი

第一/最後

პირველი / ბოლო

朋友/敵人

მეგობარი / მტერი

滿/空

სრული / ცარიელი

硬/軟

მყარი / რბილი

重/輕

მძიმე / მსუბუქი

餓/渴

მოშიებული / მწყურვალე

生病/健康

ავადმყოფი / ჯანმრთელი

非法/合法

არალეგალური /
ლეგალური

聰明/愚笨

ინტელექტუალი / სულელი

左/右

მარცხენა / მარჯვენა

近/遠

ახლოს / შორს

新/舊

ახალი / გამოყენებული

沒有/有些

არაფერი / რაღაცა

老/幼

მოხუცი / ახალგაზრდა

開/關

ჩართვა / გამორთვა

打開/闔上

ღია / დახურული

安靜/吵鬧

ჩუმი / ხმამაღალი

富/窮

მდიდარი / ღარიბი

對/錯

მართალი / მტყვანი

粗糙/光滑

უხეში / გლუვი

傷心/高興

სევდიანი / ბედნიერი

短/長

მოკლე / გრძელი

慢/快

ნელი / სწრაფი

濕/乾

სველი / მშრალი

溫暖/涼爽

თბილი / გრილი

戰爭/和平

ომი / მშვიდობა

數字
რიცხვები

0
零
ნული

1
一
ერთი

2
二
ორი

3
三
სამი

4
四
ოთხი

5
五
ხუთი

6
六
ექვსი

7
七
შვიდი

8
八
რვა

9
九
ცხრა

10
十
ათი

11
十一
თერთმეტი

12
十二
თორმეტი

13
十三
ცამეტი

14
十四
თოთხმეტი

15
十五
თხუთმეტი

16
十六
თექვსმეტი

17
十七
ჩვიდმეტი

18
十八
თვრამეტი

19
十九
ცხრამეტი

20
二十
ოცი

100
百
ასი

1.000
千
ათასი

1.000.000
百萬
მილიონი

語言

ენები

英語

ინგლისური

美式英語

ამერიკული ინგლისური

普通話

ჩინური მანდარინი

印地語

ჰინდი

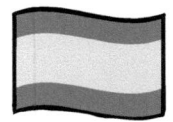

西班牙語

ესპანური

法語

ფრანგული

阿拉伯語

არაბული

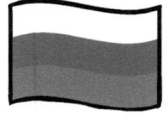

俄語

რუსული

葡萄牙語

პორტუგალიური

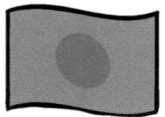

孟加拉語

ბენგალური

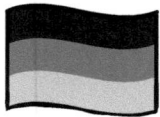

德語

გერმანული

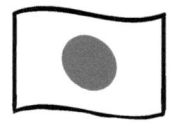

日語

იაპონური

誰/什麼/如何
ვინ / რა / როგორ

我

მე

你

შენ

他/她/它

ის / ის / იგი

我們

ჩვენ

你們

თქვენ

他們

ისინი

誰？

ვინ?

什麼？

რა?

如何？

როგორ?

何處？

სად?

何時？

როდის?

名字

სახელი

方位
სად

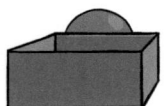

後面

უკან

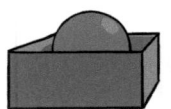

裡面

შიგნით

前面

წინ

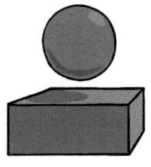

上方

ზედ

上面

=-ზე

下麵

ქვეშ

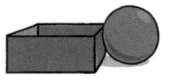

旁邊

გვერდით

中間

შორის

地點

ადგილი